PREMIÈRE LETTRE

ADRESSÉE

AUX ELECTEURS.

Paris, imprimerie de P. Dupont et Laguionie, rue de Grenelle-Saint-Honoré, n° 55.

PREMIÈRE LETTRE

ADRESSÉE

AUX ÉLECTEURS,

PAR R. SONTHONAS.

> Si tout le monde s'entendait bien, tout le monde
> serait d'accord sur la liberté, car tout le monde
> la veut au fond : il n'y a personne qui ne veuille
> la sécurité, la jouissance de ses biens, la sû-
> reté de sa vie, enfin tous les avantages que la
> liberté donne; mais bien des gens veulent la con-
> séquence sans songer au principe, et prétendent
> cueillir le fruit sans prendre soin de l'arbre.
>
> BENJAMIN CONSTANT.

PRIX : 1 FR. 50 C.

A PARIS,

CHEZ PAULIN, LIBRAIRE,

PLACE DE LA BOURSE ;

ET DANS LES DÉPARTEMENS, CHEZ LES PRINCIPAUX LIBRAIRES.

JUIN 1834.

AVERTISSEMENT.

Le ministère, en convoquant les colléges électoraux pour le 21 juin, en laissant à peine le
temps nécessaire aux électeurs pour se concerter
sur le choix qu'ils auront à faire, a eu pour but,
personne ne l'ignore, de priver des droits électoraux, et les citoyens qui au 30 octobre prochain
auront atteint l'âge de vingt-cinq ans, et ceux qui
avaient jusqu'à présent négligé de se faire inscrire
sur les listes, mais dont l'intention présumée faisait craindre l'augmentation du nombre des électeurs déjà *si considérable*, comme chacun sait.

En présence de près de six milliards de dépenses en cinq ans et d'un déficit de 740,000,000 fr.,
au moment, surtout, où allait s'agiter la grande
question de la réforme électorale, la mesure adop-
tée par le ministère est significative ; elle appelle

toute l'attention et toutes les méditations des électeurs.

Pour nous, qui nous étions imaginé bien à tort
que l'époque de l'élection d'une nouvelle chambre
serait d'autant plus reculée qu'il était plus nécessaire de laisser calmer les passions soulevées contre la dernière assemblée législative, et dissiper
des préventions plus ou moins fondées contre des
mandataires accusés de n'avoir su ni ménager la
fortune publique, ni respecter les libertés con-
quises en juillet, nous avions préparé deux lettres
adressées aux électeurs que nous nous proposions
de publier en même temps : la première a rapport
à l'importance des droits et des devoirs électoraux,
la seconde traite des vices du système actuel et de
la nécessité de la réforme.

Cette dernière question est de si haute importance que nous croyons devoir reculer la publica-
tion de notre seconde lettre, puisque les électeurs,
bien loin d'avoir le temps d'examiner attentive-
ment les nombreuses raisons qui militent en faveur
de la réforme, ont à peine celui de s'occuper du
choix de leurs mandataires, et sont déjà assez em-
barrassés à distinguer, au milieu des luttes d'ambition et de vanité élevées par certains concur-
rens, l'ami du pays de l'ami des faveurs ministérielles.

Aujourd'hui, nous nous bornons à publier notre première lettre seule, et même sans rien changer à l'espèce d'avant-propos qui la précède, puisqu'il se rapporte également à cette lettre et à celle qui la suivra bientôt. Nous nous permettons toutefois de donner un conseil à ceux des électeurs qui ne veulent pas voir élargir le cercle électoral : c'est de faire en sorte que le besoin de la réforme se fasse moins vivement sentir, en n'appelant à la députation que des hommes probes, capables, indépendans, partisans des économies et d'une liberté légale, et en repoussant ces amis du ministère, ou plutôt des places dont le ministère dispose, qui, sous prétexte de soutenir le gouvernement, ne soutiennent en réalité que les abus qui leur sont profitables.

P. S. Au moment de mettre sous presse, on nous invite à lire et à réfuter un écrit répandu avec profusion depuis quelques jours par les amis du pouvoir. Nous, qui ne nous occupons que des principes et nullement des personnes ni des partis, nous n'avons autre chose à dire de cette brochure, sinon que, panégyrique en l'honneur du gouvernement, libelle contre l'opposition, sans nom d'auteur, et probablement inspirée par les fonds secrets, elle ne nous semble pas digne de

l'attention des électeurs, sur l'esprit desquels li-
belles et panégyriques d'aucune espèce et de
quelque parti qu'ils viennent ne peuvent guère
avoir d'influence aujourd'hui que chacun veut du
positif et du vrai, et que le ridicule fait justice des
éloges outrés, comme le mépris des calomnies.

La législation électorale actuelle est vicieuse,
elle est empreinte de monopole et de privilége,
exclusive de la capacité sans fortune, attentatoire
au principe de la souveraineté nationale : mais, telle
qu'elle est, l'élection est une si bonne chose en
elle-même, que cette législation peut encore sauver
la France, si les citoyens investis du droit d'élire
nos représentans veulent aujourd'hui, comme ils
l'ont voulu en 1831, au sujet de l'hérédité de la
pairie, se rendre les organes du vœu qui se mani-
feste de toutes parts, je veux dire admettre la nécessité d'une réforme parlementaire, et exiger des
futurs députés l'engagement de concourir à l'exé-
cution de cette grande mesure.

Devant les 160,000 électeurs actuels se trouve

portée, comme devant un immense jury, la cause plaidée par le pays contre les doctrinaires qui depuis quatre ans bientôt faussent toutes les conséquences de la révolution de juillet.

Partisan de l'amélioration du système électoral, j'ai cru devoir, ainsi qu'il convient à un bon citoyen, dire aux électeurs ce que je pense sur la nécessité de la réforme et sur la manière dont les devoirs électoraux doivent être remplis. Je ne me suis point inquiété de mon obscurité, parce que dans une question de la nature de celle qui occupe la France, il ne s'agit pas de savoir si l'homme qui parle a de la célébrité ou non, mais si ce qu'il dit est juste et raisonnable : le lecteur juge et décide.

Dans beaucoup de départemens, des citoyens, électeurs et non électeurs, ont adressé à la dernière assemblée législative des pétitions par lesquelles ils sollicitaient la réforme de la loi électorale actuelle. Tous d'accord sur la nécessité d'une importante modification dans le système électoral, les uns se sont contentés de demander l'adjonction des capacités; les autres, plus exigeans, ont réclamé le droit d'élire pour tous les contribuables âgés de 25 ans, sachant lire et écrire; quelques-uns enfin ont désiré voir adopter le mode électoral à deux degrés. Ces pétitions ont été repoussées par la chambre avec une légèreté et un dédain inexcusables : l'histoire qualifiera comme il convient ce déni de justice de la part de députés nommés par le pays pour faire les affaires du pays, et dont un des devoirs est d'examiner avec attention et con-

science les pétitions qui leur sont adressées, lorsque surtout ces pétitions sont revêtues d'un nombre considérable de signatures et lorsqu'elles trai-
tent de questions de haute importance.

Dans d'autres départemens, les patriotes, persuadés de l'inutilité qu'il y aurait à s'adresser à la
dernière chambre, se sont abstenus.

On a cherché à jeter de la défaveur sur les pétitions dont il s'agit, en disant que l'impulsion don-
née aux pétitionnaires venait de Paris. Cela fût-il
vrai, ce ne serait pas la première fois qu'une chose
utile aurait été conseillée par la capitale aux départemens : en triomphant, dans les trois jours, de
la tyrannie de Charles X, Paris donna à la France
une impulsion autrement importante, et je ne sache que d'autres que les légitimistes l'aient trouvé
mauvais.

On a dit aussi que l'opposition demandait la réforme électorale parce qu'elle ne possède pas la
majorité à la chambre : en effet, l'opposition est
loin de posséder cette majorité; si elle l'avait eue,
on n'aurait pas besoin de pétitionner pour obtenir une bonne loi d'élection, elle nous eût été ac-
cordée dès 1830, le gouvernement n'eût pas adopté
la restauration pour modèle (1).

Les journaux ministériels n'ont pas manqué

---

(1) Grand nombre de citoyens qui font partie de l'opposition ne s'y
sont pas jetés pour leur plaisir : il n'y a que les hommes dévoués au bien
public qui consentent à prendre un rôle toujours pénible, où la calomnie
est d'ordinaire leur seule récompense. Bien des citoyens, qui fléchissent
le genou devant le pouvoir et qui blâment l'opposition, ne s'aperçoivent

d'accuser la *rage des partis* de chercher à ébranler la stabilité des institutions; on ne saurait trop recommander la stabilité des *bonnes institutions*, mais on ne saurait aussi trop vite s'empresser de changer les mauvaises quand elles servent à répandre le mécontentement et la désaffection. *La rage des partis* n'a rien à voir là-dedans, et il serait bien temps que les journaux du pouvoir comprissent que, dans toute polémique, un langage mesuré doit être désormais adopté, si l'on veut persuader et éclairer le public, qui sait fort bien que *plus ce qu'on dit est raisonnable, plus il faut l'exprimer avec douceur, puisque la force est dans la chose même* (1).

Aujourd'hui que la vanité blessée de la chambre de 1831 a fait repousser le vœu des nombreux pétitionnaires qui demandent la réforme électorale, c'est aux électeurs mêmes qu'il faut s'adresser, c'est à leur raison, à leur probité politique qu'on doit parler. Si tous les partis ont leurs exagérés, leurs fanatiques, ils ont tous aussi leurs hommes de sens et de cœur; il y a des légitimistes même qui conviennent que le temps de la féodalité et des priviléges est à jamais passé, et qui ne voient dans la légitimité qu'un principe d'ordre et de stabilité. Il y a des hommes du *juste-milieu* qui ne tiennent à leurs opinions que parce qu'ils croient

___

pas qu'elle leur est d'autant plus utile que ses effets sont d'imposer aux agens du ministère et de protéger ceux mêmes dont la faiblesse et l'inertie n'offriraient aucune résistance au despotisme.

(1) Fontenelle.

encore que les fautes du pouvoir actuel sont plutôt le résultat des circonstances que des mauvaises passions de leurs coryphées. Sans doute, légitimistes et stationnaires se trompent, mais se tromper n'est pas crime, et l'on doit toujours conserver l'espoir de convaincre des citoyens qui, peut-être, ne différeraient pas de manière de voir avec nous, s'ils avaient approfondi davantage les questions politiques pour lesquelles ils luttent, et s'ils voulaient comprendre que, dans ces questions qui divisent les esprits, il vaudrait mieux essayer de commander à ses passions, et de chercher la vérité avec calme et bonne foi, que de persécuter ses adversaires.

J'ai pensé qu'avant de demander aux électeurs la réforme électorale (réforme dont la nécessité est démontrée à grand nombre d'entre eux), qu'avant, dis-je, de leur demander le sacrifice du privilége dont ils jouissent, il fallait leur rappeler la haute importance de leurs devoirs et le zèle civique, j'ai presque dit religieux, avec lequel ils sont tenus de les accomplir : c'est ce qui m'a déterminé à publier la première de ces lettres. Elle est destinée à hâter l'éducation représentative de beaucoup d'honorables citoyens qui usent de leurs droits électoraux sans réfléchir peut-être assez à tous les devoirs qui sont attachés à ces droits précieux ; droits précieux en effet, puisque c'est de leur bon emploi que l'on peut seulement attendre la gloire et le bonheur de cette France à laquelle nous sommes tous si fiers d'appartenir !

La deuxième résume à peu près tout ce que les hommes éclairés du pays pensent de notre législation électorale : elle a pour conclusion inévitable la réforme parlementaire, car cette réforme est devenue absolument nécessaire, puisque la France ne sera calme et heureuse que le jour où la législation sera en harmonie avec les mœurs, où la vie politique ne sera pas refusée aux classes les plus nombreuses (1), où le grand, le salutaire principe de la souveraineté nationale ne sera pas un mot vide de sens, où enfin chaque citoyen sera convaincu que le peuple n'est pas fait pour le gouvernement, mais le gouvernement pour le peuple.

Ne terminons pas sans faire ici quelques observations qui, nous l'espérons, seront favorablement accueillies.

Un des plus grands défauts de la nation, défaut qui tient à notre légèreté et à la vivacité de nos passions politiques, c'est de toujours voir des ennemis, des fauteurs d'anarchie ou des partisans de la tyrannie dans les hommes qui ne pensent pas comme nous ; c'est surtout d'accuser les intentions d'abord, et de persécuter ensuite, quand on

---

(1) Il y a des gens qui vous demandent ce que les classes inférieures feront de la vie politique : elles l'utiliseront au profit de la nation tout entière, en nommant des députés décidés à détruire les monopoles et à modifier les natures d'impôt qui rendent misérable la vie matérielle du peuple : si elles ne l'utilisent pas, tant pis pour elles; mais il y aura toujours, en élargissant le cercle électoral, un grand avantage pour la société. Les classes inférieures aiment aussi l'ordre et la tranquillité, et elles ne demanderont point par des barricades et des coups de fusil ce qu'elles auront la faculté d'obtenir par leurs mandataires.

le peut; car il est plus facile de céder à ses passions que de consulter sa raison, et de haïr que
d'examiner. Nous savons tous aussi avec quelle
facilité nous nous payons de mots qui, devenus
pour ainsi dire sacramentels, répondent à tout,
et sont adoptés sans examen (1) par cette partie
de la population que certaines gens désignent,

---

(1) Par exemple, le premier qui s'avisa de dire que le peuple des Etats-
Unis est un *peuple neuf* dit très certainement une sottise. Selon nous, un
peuple est d'autant plus neuf qu'il se rapproche davantage de l'état de
nature, c'est-à-dire qu'il est plus sauvage et plus ignorant. En effet, un
peuple est-il avancé en civilisation, on peut dire qu'il est mûr et formé,
le temps qu'il a mis à arriver à ce degré ne fait rien à l'affaire. Aux Etats-
Unis tout le monde sait lire et écrire, connaît et respecte les lois; la population est donc moins neuve que celle de France, dont plus de seize mil-
lions d'ames croupissent dans la plus abjecte ignorance. Celui qui fit la
belle découverte de cette expression et la mit à la mode crut répondre
victorieusement aux hommes qui demandaient pour la France des institutions plus ou moins analogues à celles de l'Amérique du Nord, *que la position des deux pays était bien différente, et qu'on ne pouvait nous donner
ces institutions, parce que le peuple américain formait un peuple neuf, et
que nous ne l'étions pas.*

On eût raisonné moins faux, si l'on avait dit le contraire, si l'on avait
soutenu que la nation française, étant moins avancée en civilisation que
le peuple de Washington, ne pouvait obtenir encore les institutions com-
plétement libérales de ce pays. Et maintenant, parlez à un lecteur du
Journal des Débats de l'admirable gouvernement qui a rendu l'Amérique
du Nord si libre, si prospère, si grande, si glorieuse, il vous répondra que
l'Amérique ne peut pas servir de modèle à la France, parce que le peuple
de l'Union est un *peuple neuf;* et tout sera dit.

M. Guizot disait naguère à la tribune que le peuple de l'Union était un
peuple enfant; et les autres de répéter : c'est un peuple enfant. Mais
M. Guizot sait fort bien que les Anglais qui fondèrent les colonies de la
nouvelle Angleterre y importèrent, et leurs descendans conservèrent, les
mœurs et les institutions de la métropole; ce sont *ces mœurs,* ce sont *ces
institutions* qui de longue main préparèrent la résistance de Boston,
firent triompher la révolution et dotèrent ce peuple si digne de la liberté
de son admirable gouvernement. M. Guizot a donc dit un non sens.

avec un peu d'impertinence, sous l'appellation gé-nérique de *commun des martyrs*.

Parmi les expressions qui jouent le plus grand rôle dans nos discussions, on peut citer celles de *progrès* et *d'ordre public*. Efforçons-nous de réta-blir le sens de ces mots et rappelons que pour l'op-position le besoin du *progrès* n'est pas l'esprit d'anarchie, de même que *l'amour de l'ordre* ne peut être pour personne synonyme de *maintien des abus*.

On sait que dans tous les siècles il exista des hommes de caractères et d'esprits différens, pour qui les regrets du passé, ou la satisfaction du présent, ou le besoin d'amélioration et de perfec-tionnement, furent les idées dominantes qui pré-sidèrent, en quelque sorte, à leurs destinées. On sait aussi que les *rétrogrades* et les *stationnaires* eurent toujours en aversion *les hommes du pro-grès*; car, selon eux, vouloir le mieux, c'est être l'ennemi du bien, et le pouvoir du jour, ainsi que ses partisans, trouvent toujours que ce qui existe est le comble de la perfection sociale. Sans remonter vers l'antiquité, nous rappellerons seu-lement de combien de persécutions furent victi-mes les hommes de progrès depuis la découverte de l'imprimerie. D'abord nous voyons brûler vifs les réformateurs religieux et leurs adhérens; plus tard, les philosophes et les réformateurs politiques sont embastillés, exilés, ruinés. De nos jours, Na-poléon, avec cet instinct de despotisme qu'il pos-sédait, ne cessait de déclamer contre les *idéologues*;

nous savons de quelle manière la restauration trai-
tait les *libéraux*; et depuis la révolution de juillet,
les hommes de progrès n'ont guère été plus ména-
gés que sous la domination du parti-prêtre; et cependant qu'est-ce que serait l'humanité sans l'esprit
de progrès ?

Le *progrès* est une des conséquences du principe de perfectibilité: l'homme ne peut devenir par-
fait, mais tout le monde convient qu'il est essen-
tiellement perfectible, cette faculté le porte con-
stamment à améliorer son moral, sa condition, ses
institutions. On ne peut donc le blâmer d'obéir
à l'instinct qui le pousse à remplir le but auquel
il est appelé. L'homme doit toujours vouloir améliorer ; pour améliorer, il faut innover : quand rien
ne s'oppose aux innovations successives, l'homme,
le pays sont satisfaits et tranquilles; quand des
obstacles sont mis à l'esprit d'innovation, cet esprit, que rien ne peut arrêter, marche toujours,
renverse les obstacles et produit une révolution.

Un gouvernement sage ne résiste point au progrès, il est lui-même progressif. Un pouvoir des-
potique s'y oppose au contraire de toutes ses forces ; ses partisans, car quel tyran n'a pas ses amis,
trouvent que tout est bien parce qu'ils sont, eux ,
dans une position confortable , et s'inquiètent peu
des souffrances des masses. Le despotisme s'oppose
donc au progrès , à l'amélioration ; il persécute les
citoyens courageux qui réclament un meilleur
ordre de choses; il les traite de révolutionnaires,
sans s'apercevoir qu'il est lui-même plus révolu-

tionnaire que ceux qui voudraient, sans troubles et sans secousses, améliorer le sort de leur pays et en perfectionner les institutions.

Vouloir le *statu quo* en politique, c'est vouloir l'impossible; s'opposer à l'esprit de progrès, c'est user ses forces contre le destin même de l'humanité. N'est-ce pas là cependant ce que prétend le juste-milieu en France, c'est-à-dire nos stationnaires? La peur d'un avenir incertain, les souvenirs d'un passé affligeant qui ne se peut renouveler, la satisfaction du bien-être momentané dont ils jouissent, ne faussent-ils pas leur manière de voir? Si d'ailleurs ils ne demandent qu'à jouir des plaisirs d'une vie oisive, oublient-ils qu'il est des hommes pénétrés de la vérité de ces paroles de l'Evangile, *qu'on ne vit pas que de pain*, à qui la liberté, la gloire du pays, les agitations d'un véritable système représentatif sont aussi nécessaires que l'air qu'ils respirent! Il y a, nous ne l'ignorons pas, de belles âmes parmi nos adversaires, et, nous le croyons fermement, le pays ne fera point en vain appel à la raison, à l'équité d'une classe de citoyens que la doctrine a pu circonvenir et tromper, mais qu'elle ne parviendra jamais à corrompre : les honnêtes gens du juste-milieu s'uniront aux patriotes pour obéir à cet esprit progressif, à ce besoin d'amélioration qui demande la réforme du système électoral actuel.

Si le *progrès* est un des caractères distinctifs de l'esprit humain, l'*ordre* est un des principaux besoins de la société. Nul n'est plus intéressé à l'ordre que l'homme de progrès, car *la guerre et les discordes civiles sont les plus cruelles ennemies de la liberté et de l'amélioration morale et matérielle des peuples.* Sous ce rapport, stationnaires et hommes du mouvement sont d'accord; mais il y a deux espèces d'*ordre public* : celui de Constantinople et celui de Boston; celui qui est imposé par l'épée du sergent de ville et le bâton de l'assommeur embrigadé, et celui qui, aux États-Unis, existe sans préfet de police, sans espions, sans ordonnances empruntées à la barbarie du 17e siècle, mais par le profond respect que les citoyens ont pour la loi.

Disons-le sans cesse : la France veut, l'opposition veut, nous voulons tous l'amélioration de nos institutions; nous voulons tous l'ordre et la liberté, mais nous ne voulons ni l'ordre sans la liberté, ni la liberté sans l'ordre. Pour obtenir ces grands résultats, il faut, s'il est possible, cesser nos dissensions; il faut surtout que chaque citoyen se pénètre de cette maxime, que *c'est par la douceur et par le raisonnement qu'on doit chercher à faire triompher ses opinions;* que les conspirations, les émeutes et la guerre au sein de nos villes obtinssent-elles le succès, ce succès acheté trop cher serait sans gloire et sans durée, car les ames généreuses se révoltent même contre la vérité lorsque c'est à travers le sang qu'elle leur apparaît; que s'il est beau de réclamer l'amélioration morale et gouvernementale de l'humanité, il est plus beau encore de savoir commander à son impatience, de supporter les mauvais jours avec courage, d'en appeler à la raison publique dont les triomphes seuls sont durables, et de repousser ces appels à la force brutale qui reportent un peuple vers les siècles de barbarie, et condamnent les vaincus et les vainqueurs non seulement à la ruine et au deuil, mais encore au despotisme.

PREMIÈRE LETTRE

AUX ÉLECTEURS.

Probité politique. — Importance du droit d'élection. — Responsabilité.—
Qualités nécessaires au député. — Influence inconstitutionnelle du gouvernement dans les élections. — Candidats ministériels. — Indépendance
des électeurs. — Rivalités électorales. — Les nobles, les bourgeois, les
cultivateurs. — L'électeur est juré. — Ce que doit faire et éviter l'électeur. — Le député ne peut être l'homme d'affaires des électeurs. — Profession de foi politique doit être exigée des candidats. — Mandats impératifs. — Députés ne peuvent être fonctionnaires et rester députés.—
Conclusion de cette première lettre.

Nous n'examinerons dans cette première lettre
ni le système électoral actuel, ni la question de la
réforme; nous prendrons l'institution telle qu'elle
est, en nous demandant si l'on ne doit pas essayer
de rendre les produits meilleurs qu'ils n'ont été
jusqu'à présent, et si le moyen de parvenir à ce
but n'est pas de rappeler aux électeurs l'importance des devoirs qu'ils vont remplir.

Nous espérons leur persuader qu'il est équita-
ble et de leur intérêt bien entendu de protester,
par les choix qu'ils devront faire sous peu, contre le
privilége dont ils jouissent en ce moment, de se
montrer supérieurs à l'institution dont leurs droits

émanent, et de prouver qu'ils mettent leur gloire à se souvenir qu'ils sont hommes et citoyens avant d'être électeurs.

Si, après avoir lu cette lettre, les électeurs qui ne partagent pas toutes nos opinions politiques sont convaincus de la loyauté, de l'esprit de conviction, de l'amour du bien public qui l'ont dictée, ils en seront mieux disposés à examiner avec soin ce que, dans notre seconde lettre, nous dirons des vices du système électoral, et les raisons que nous donnerons de la nécessité *d'une réforme* parlementaire.

En toutes choses, se bien conduire c'est raisonner juste; et beaucoup raisonneraient plus juste qu'ils ne le font, s'ils se donnaient la peine de réfléchir aux engagemens que la société leur impose, à la nécessité de ne pas sacrifier l'intérêt général à l'intérêt privé, et s'ils n'oubliaient pas qu'aux droits accordés par les lois se joignent aussi des devoirs. Aujourd'hui il n'est pas plus permis d'être mauvais citoyen que malhonnête homme; nos mœurs constitutionnelles sont en progrès, et bientôt celui qui sacrifiera à ses propres intérêts les intérêts du pays sera irrévocablement flétri dans l'opinion, et marchera l'égal des fripons et des faussaires. Nous méprisons, et le magistrat punit le malhonnête homme qui nous ravit la plus légère somme d'argent; et nous serions sans haine et sans mépris pour le lâche électeur, pour le député plus lâche

encore qui trahissent et leurs devoirs et la confiance publique !

Oui, électeurs, celui-là est un malhonnête
homme qui, au moment de donner son vote, ne
choisit pas, en son ame et conscience, le plus capable et le plus digne ; celui-là est un malhonnête
homme qui, en exerçant le droit que lui garantit
une loi de monopole, en abuse pour écouter la
voix des passions, satisfaire ses intérêts privés,
trahir son pays en donnant son suffrage, non au
plus digne, mais à celui qui peut lui être le plus
utile ; celui-là est un malhonnête homme qui vend
son vote à un pouvoir oppresseur; enfin , celui-là
n'est qu'un lâche égoïste qui, sans excuses légi-
times (1), dédaigne d'exercer des droits que le lé-
gislateur lui a accordés au détriment de citoyens
qui valent mieux que lui, et qui, dans des temps
difficiles, se tenant à l'écart, refuse à son pays,
par peur, calcul ou coupable insouciance, le se-
cours d'un vote qui quelquefois aurait pu dans
un collége faire triompher le candidat le plus po-
pulaire et le plus capable.

Personne n'ignore que le mot *électeur* vient du
latin *eligere* , qui signifie choisir: élire un député,
un conseiller général, c'est choisir ; mais pour
choisir il faut *savoir*. Or, parmi les électeurs, s'il
y a des hommes éclairés, il y en a d'autres qui ne
le sont pas; il en sera de même encore, trop long-

---

(1) On comprend que nous exceptons de cette odieuse catégorie les citoyens que le serment empêche de se présenter aux élections.

temps peut-être, lorsque le système électoral aura été élargi, mais nous y aurons gagné un avantage immense, la réparation d'une grande injustice, et c'est beaucoup dans les affaires de ce monde. Un peuple chérit d'autant plus son gouvernement et sa constitution qu'ils sont l'un et l'autre plus équitables : *liberté* ou *justice*, c'est la même chose pour l'humanité, car depuis des siècles l'humanité ne lutte que contre l'injustice ou l'esclavage.

Nous connaissons les *droits* des électeurs ; examinons la nature de leurs *devoirs*, et faisons ressortir aux yeux de tous, s'il est possible, la nécessité pour chacun d'eux, en exerçant les premiers, de remplir exactement les seconds. Les électeurs éclairés nous sauront gré de cet examen, les autres y puiseront peut-être quelques enseignemens utiles ; tous doivent vouloir le bonheur de la France. Celui qui aime cette belle et noble France doit apporter le même intérêt que nous à la discussion des questions qui nous occupent, comprendre notre sollicitude pour le triomphe de ses intérêts, y applaudir, la partager surtout.

Et d'abord, le corps électoral ne peut disconvenir que c'est à lui que le pays doit se prendre des charges qu'il supporte et du malaise qui le tourmente, car c'est le corps électoral qui crée la chambre des députés, c'est-à-dire l'autorité la plus puissante de l'empire, puisqu'elle accorde ou refuse le budget, et que dans cet octroi ou ce refus se résume toute la machine gouvernementale ; en effet, pas de budget, pas d'administration possible.

Il n'y a *volonté immuable* qui tienne devant la volonté de la représentation nationale qui peut anéantir par un seul mot la royauté elle-même, car que serait-ce qu'une royauté sans argent ? La chambre des députés est donc en définitive le véritable grand ressort de la machine gouvernementale ; et quand ce ressort est mal trempé, quand il remplit mal ses fonctions, la faute en est au corps électoral.

Si donc les électeurs nomment de mauvais députés, si la représentation nationale se montre ou indigne ou au dessous de son mandat, l'on ne doit pas s'en prendre seulement à ceux qui la composent, mais à ceux qui l'ont formée ; en définitive, de même que c'est aux électeurs qu'il faut attribuer la gloire d'avoir, par de bons choix, opéré le bien-être de la France, quand la France est prospère au dedans, considérée au dehors ; de même c'est sur les électeurs que doivent se reporter la colère et la haine du pays, quand le pays gémit des maux causés par une administration malfaisante.

Ce que nous venons de dire est si clair, que nul esprit un peu raisonnable ne peut, ce nous semble, vouloir diminuer l'importance que nous attachons à la qualité et aux fonctions de l'électeur. Or, en présence des grands résultats de l'élection, c'est à-dire d'un bon ou mauvais choix des députés du pays, quelles ne doivent pas être la prudence et la loyauté dont les électeurs sont tenus de faire preuve en déposant leurs votes ! Avec quelle crainte religieuse, pour ainsi dire, doivent-ils s'approcher de l'urne du scrutin, de cette urne où se déposent et où vont éclore les destins de la patrie !

Enfin, quelles ne seront pas les incertitudes, les craintes, les anxiétés même de l'homme de bien qui choisit un représentant du peuple, lorsqu'il songe que ces fonctions augustes qu'il remplit, il les remplit seul, non en son propre et privé nom, mais au nom et dans les intérêts de plusieurs centaines de citoyens frustrés de leurs droits par le monopole légal dont il jouit; qui lui reprochent peut-être ce monopole et lui demandent tacitement ou ouvertement de quelle manière il l'a exercé, prêts à le bénir s'il s'est conduit en véritable patriote, et à le poursuivre de leur aversion, de leur mépris peut-être, s'il a voté pour un candidat repoussé par l'opinion !

Avant d'exprimer notre manière de voir sur ce que des électeurs consciencieux ont à faire ou à éviter dans l'accomplissement des fonctions qui leur sont confiées, nous croyons devoir dire ici ce que nous entendons par un *bon député*, et énumérer les qualités principales qui sont absolument nécessaires, à notre avis, et probablement à l'avis du lecteur, chez l'homme qui aspire à remplir le noble mandat de représentant de son pays.

Ces qualités sont au nombre de trois : *la probité, la capacité, l'indépendance de caractère.*

La probité, cette vertu si nécessaire chez l'homme, pour qu'il puisse jouir de sa propre estime et de celle des autres, cette vertu qui n'en est pas une puisqu'on ne devrait jamais faire d'efforts pour acquérir ou conserver une qualité pour ainsi dire

inhérente à la partie morale de notre être; la probité est, on le comprend de reste, encore plus nécessaire à l'homme public qu'à l'homme privé, car
son absence chez le premier cause des maux bien
plus graves que chez le second ; en effet, l'homme
privé sans probité produit, par ses mauvaises ac-
tions, un scandale et un tort bien moins grand à la
société que le député qui vend sa conscience et vote
les mesures les plus désastreuses pour son pays.

La probité politique et le courage civil, ces
deux qualités (l'honneur de l'Angleterre et des
États-Unis) vont passer dans nos mœurs ; heureux
effets des institutions libérales, des gouvernemens
représentatifs même incomplets ! Les vertus publiques, comme les privées, se développent de jour
en jour chez un peuple qui comprend sa dignité,
qui peu à peu s'initie à l'exercice de ses droits,
et devient plus heureux en se rendant meilleur.

L'homme heureusement né, qui sent ce qu'il
vaut, et qu'anime l'amour du bien public, au lieu
d'employer ses soins à captiver les bonnes graces
d'un pouvoir ombrageux qui veut trouver dans les
administrés des sujets, des valets et non des citoyens ; au lieu de solliciter des places de ce pouvoir,
préfère les devoir à l'estime de ses concitoyens,
les enlever à ses rivaux par une généreuse émulation de vertus et de talens. Sachant que l'élection
le peut faire membre du conseil municipal de sa
ville, officier de la garde nationale, conseiller général, député, cet homme attend tout de l'élection,
il ne demande rien qu'à l'élection ; et pour obtenir

ces emplois qu'il ambitionne, il commence par s'en rendre digne. Sa conduite sage, et par conséquent habile, est comprise et imitée; peu à peu chacun devient meilleur, chacun estime chez les autres les qualités qu'il acquiert, et la patrie voit grandir sa prospérité et sa gloire à mesure que se développent chez ses enfans les vertus privées et politiques, sans lesquelles il n'est pour un peuple ni gloire ni prospérité.

La capacité n'est pas moins nécessaire au député que la probité privée et politique; sans elle, un député ne joue à la chambre que le rôle d'un obscur mannequin, d'une machine à boule blanche ou noire, d'un ignorant parmi les savants, d'un sot au milieu de gens d'esprit; il ressemble à ces infortunés peu favorisés de la nature, sous le rapport intellectuel, qui végètent en ce monde plutôt comme des accidens que comme des êtres complets.

Le député sans talent, sans connaissance des hommes et des choses, ne peut, au milieu des discussions ou orageuses ou embrouillées de la tribune, discerner le faux du vrai, le bon du mauvais. Craignant les améliorations, par instinct, car ces améliorations le rejetteraient à sa véritable place, ne comprenant pas les hommes appelés à conduire les peuples par la voix du progrès vers des destinées plus glorieuses et plus prospères, il se cramponne à ce qui existe ; et, ne possédant ni assez de judiciaire pour voir juste, ni assez d'esprit d'indépendance pour se soustraire aux captations du pouvoir, ni assez de modestie pour se laisser guider par les hommes de mérite d'un parti, il empêche le bien, laisse faire le mal, est inutile à tout le monde même aux électeurs peu éclairés ou cupides, qui l'avaient nommé, dans l'espoir d'obtenir par son influence présumée des faveurs ministérielles pour leurs familles ou leurs localités.

Nous avons vu des hommes sans aucune espèce de mérite, parvenir à la députation, et faire échouer la candidature des citoyens les plus honorables et les plus instruits de leur département. Ces hommes étaient persuadés qu'à la chambre des députés ne devaient parvenir que les plus riches du pays, quelle que fût d'ailleurs leur incapacité. Ces hommes, aveuglés par une sotte présomption et un orgueil plus sot encore, s'imaginaient que la députation ou la pairie devait être le complément de leur position sociale : mauvais citoyens, plus mauvais représentans, ils rappelaient à tous les souvenirs cette pensée d'Helvétius : *La parfaite probité n'est point le partage de la stupidité.*—Heureusement les électeurs s'éclairent rapidement, et il est bien peu de candidats à qui ils ne soient disposés à demander aux élections futures non pas ce qu'ils sont, non pas ce qu'ils possèdent, mais ce qu'ils savent, à quoi ils sont propres, et l'explication claire et méthodique des principes politiques par lesquels sera dirigée leur conduite parlementaire.

Rappelons ici les lignes éloquentes qu'écrivait,

sur les élections de 1817, M. de Pradt, si célèbre
alors par les brillantes pages qu'il consacrait à la
défense de la liberté :

« Il faut regarder au talent : car ce n'est pas tout
« qu'une main soit pure, il faut encore qu'elle soit
« habile, c'est-à-dire ferme, légère, prudente,
« fléxible, suivant qu'elle doit s'appliquer à des sujets
« divers. La carrière de la législation est immense
« dans son étendue et dans ses détails; la science a
« tour à tour à s'élever et à s'abaisser, à se prêter
« à mille nuances qui se rencontrent dans la com-
« plication des faces diverses que présentent les
« affaires publiques; la vérité et la discorde des
« opinions, la lutte même des partis peuvent
« ébranler, étonner, égarer des hommes armés à la
« légère, ou dépourvus de ces dons heureux qu'ac-
« corde la nature, ou de ces moyens de défense
« que fournit la pénible et lente action de l'expé-
« rience et de l'étude. Si chacun, dans le soin de
« ses affaires ou pour sa conservation propre, re-
« cherche le plus habile, les intérêts généraux de
« la société ne réclament-ils pas la même préfé-
« rence ? N'est-ce point à ce qui parmi elle se mon-
« tre le plus épuré, qu'elle doit les remettre ? Le
« talent est au corps politique ce que la tête est
« au corps humain ; siége de l'entendement et de
« la clarté, elle dirige tous les mouvemens du
« corps par les volontés qu'elle exprime ou les
« jugemens qu'elle forme ; elle éclaire tous ses pas
« par la lumière des deux flambeaux qu'elle recèle ;
« et, pour soutenir cette comparaison, ajoutez que

« si la tête est l'honneur du corps humain, le ta-
« lent est celui des sociétés. S'il les sert, il les dé-
« core aussi, il tourne également à leur gloire et
« à leur utilité : la gloire d'une nation n'est-elle
« pas au nombre de ses premiers intérêts? Et où
« peut-elle en placer le siége d'une manière plus
« apparente que dans ces hauts lieux d'où elle parle
« à tous ses membres, d'où elle fait parvenir le
« son de sa voix à l'oreille de l'univers? Les peuples
« ont toujours tiré de leurs grands orateurs politi-
« ques autant de gloire que de leurs plus grands
« chefs militaires; Athènes, Rome, Londres,
« s'honorent autant de Demosthène, de Cicéron,
« de Pitt, que de Thémistocle, de Scipion, de
« Marlborough; et, par le privilége attaché à sa
« nature, les effets et l'éclat du talent vivent et du-
« rent encore long-temps après que ceux des faits
« politiques sont éclipsés. Aimez donc, recherchez,
« produisez le talent; par son essence, il ne reste
« jamais neutre, l'inaction n'entre point dans les
« élémens dont il se compose ; s'il ne sert pas il
« nuit; il est bon à tout, soit placé sur le seuil de
« l'édifice pour en défendre l'entrée, soit sur le
« faîte pour en former l'ornement. Il n'est point
« de place à laquelle il ne convienne et qu'il ne
« décore, dont il ne soit propre à remplir le ser-
« vice comme à rehausser l'éclat. »

Quant à *l'indépendance*, elle est aussi nécessaire
à un digne mandataire de son pays que la probité
et la capacité : et qu'on ne s'imagine pas que
nous entendons par indépendence de caractère ni

cette taquinerie puérile du personnage de la co-médie,

> Qui prend toujours en main l'opinion contraire ,
> Et penserait paraître un homme du commun ,
> Si l'on croyait qu'il fût de l'avis de quelqu'un.

ni cette manie du frondeur qui ne trouve rien de bien; ni cette opiniâtreté qu'aucune bonne raison ne peut ébranler; ni ce défaut d'indulgence qui comprend à peine l'homme et ses faiblesses; ni cette haine aveugle de l'autorité qui ne veut se plier ni aux exigences du meilleur gouvernement ni devant même la majesté des lois.

Nous entendons par indépendance de caractère l'élévation d'idées qui ne fait fléchir devant aucune considération le sentiment du devoir, la défense des principes une fois adoptés après examen réfléchi ; indépendance qui ne se trouve que chez l'homme véritablement persuadé que la route la plus sûre pour arriver au bonheur et à l'estime publique, c'est celle de l'accomplissement de tous les devoirs imposés par la société.

L'homme indépendant , tel que nous le comprenons, sera l'ami du pouvoir quand le pouvoir accomplira dignement sa mission; il se jettera dans l'opposition, quand l'opposition sera ce qu'elle doit être, l'organe éclairé et véritable des besoins du pays; quelle que soit la modicité de sa fortune, il ne sera jamais à vendre, car il n'existe aucun trésor qu'il estime autant que sa conscience; et, comme l'indépendance de caractère s'allie ordinairement à la fermeté de l'ame, il sera toujours franc et sincère, toujours pur, au milieu des partis , proclamant sans cesse les principes et sacrifiant avec dévouement ses affections et ses haines sur l'autel de la patrie.

Cette indépendance si précieuse que possèdent plusieurs députés de l'opposition , cette indépendance à la *Dupont (de l'Eure)*, est absolument nécessaire à l'homme qui se présente au choix des électeurs; c'est à ces derniers à ne pas manquer de tact, à ne pas se laisser tromper, et à ne pas prendre pour la réalité ce qui n'est quelquefois qu'un faux semblant , car il y a des tartufes politiques comme des tartufes religieux.

N'oublions pas enfin que l'indépendance gît dans le caractère, dans les vertus privées et politiques, beaucoup plus que dans le chiffre des contributions; si le pauvre est exposé à la corruption par ses besoins, le riche ne l'est pas moins par ses passions, son amour du pouvoir, des titres, des honneurs.

Et puis, est-il question d'envoyer à la chambre des hommes dénuées de tous moyens d'existence ? Il est rare qu'un homme probe , éclairé, indépendant, ne soit pas au dessus du besoin ; et d'ailleurs la nation doit à ses mandataires comme les particuliers aux leurs une juste et honorable indemnité. Notre député sera de ces hommes qui savent borner leurs désirs et qui par conséquent sont toujours assez riches.

Nos lecteurs ne nous font pas l'injure de croire que nous voulons exclure de la représentation nationale les notabilités de fortune. Si les électeurs rencontrent dans un riche citoyen les qualités constitutives d'un bon député, qu'ils le choisissent, rien de mieux ; sa fortune donnera à ses qualités plus de relief encore, et il ne nuira point à son influence ; mais que l'homme modeste et honorable ne soit pas repoussé des hustings, uniquement par cette raison si absurde au dix-neuvième siècle qu'il ne paie pas assez d'impôts pour remplir dignement le plus noble mandat qu'un homme puisse recevoir de son pays.

Ce qui depuis vingt ans a privé la France d'une véritable et complète représentation nationale , c'est le droit que s'est arrogé le gouvernement , contre tous les principes, d'influencer plus ou moins directement les élections, afin d'en faire plier les résultats à sa volonté, et d'obtenir, non pas des chambres qui osassent demander compte de l'emploi des deniers publics et de l'exercice du suprême pouvoir , mais des assemblées de complaisans tout disposés à approuver les fautes et les iniquités ministérielles. La marche suivie par les ministres de la branche aînée a été à peu de chose près imitée par les hommes de la nouvelle dynastie; aussi est-ce à cette influence gouvernementale, presque autant qu'à la faiblesse et à la crédulité des électeurs , que nous devons le malaise actuel et le mécontentement qui en est la suite.

Si la souveraineté nationale a confié à Louis-Philippe et aux ministres de son choix le pouvoir exécutif, elle s'est réservée par la composition de la chambre des députés (que cette chambre soit le produit d'une bonne ou d'une mauvaise loi d'élection) le droit d'examen, de contrôle, de blâme ou d'approbation.

La chambre des députés est donc appelée, en première instance, à juger l'administration publique; à forcer la couronne de changer le ministère, quand ce ministère ne lui convient pas, et à dire au roi dans certains cas : « Nous qui sommes choi-
« sis par les électeurs, et en vertu de la souve-
« raineté nationale, pour examiner la gestion de
« vos ministres, nous vous prévenons que cette
« gestion n'a ni notre approbation ni celle du
« pays, et que, comme vous avez été placé sur le
« trône, non pas pour vos intérêts, mais pour les
« nôtres, nous vous invitons à adopter et faire
« adopter à vos agens une marche administrative
« et politique plus en harmonie avec les vœux de
« la nation.

« Sinon, nous refuserons le budget. »

Tel est en résumé, personne ne l'ignore, le gouvernement représentatif, et il est assez juste que les citoyens qui souffrent et paient demandent compte de leur conduite à ceux qui recoivent et jouissent.

Si donc la chambre des représentans n'est pas autre chose que la réunion des mandataires des électeurs, mandataires chargés spécialement de surveiller le gouvernement quand il fait le mal, comme aussi de le soutenir et l'approuver lors qu'il marche bien, les électeurs peuvent-ils souffrir que pendant le temps qui précède et accompagne les opérations électorales destinées à créer une chambre de députés, le gouvernement se permette de diriger les choix de façon à ce que cette chambre soit peuplée de ses créatures ou de ses complaisans? Et quand nous disons diriger les choix, nous employons une expression impropre; car c'est à *influencer*, c'est à *forcer* en quelque sorte la volonté des électeurs que le gouvernement s'applique; c'est à vicier enfin le produit de l'enfantement électoral.

Supposons un tribunal qui, après avoir nommé des arbitres pour arranger un procès entre deux simples citoyens, chercherait ensuite à se servir de l'influence qu'il pourrait avoir sur ces arbitres pour que ces derniers favorisassent les intérêts de l'un des plaideurs au détriment de la justice et des intérêts de l'autre : quels ne seraient pas les cris d'indignation poussés par le plaideur victime de l'iniquité! Quelle ne serait pas la réprobation publique! Et ce que l'on ne pourrait tolérer dans une simple affaire entre particuliers, on le souffre, on le trouve presque naturel dans le gouvernement; dans le gouvernement, qui n'est pas même indépendant du litige comme le tribunal dont nous parlions, mais qui est partie, et partie vivement intéressée dans la cause pendante devant les électeurs, devant le grand jury du pays!

Faire le mal d'abord, puis faire mal encore pour obtenir des électeurs intimidés, circonvenus, séduits quelquefois, des mandataires infidèles, disposés à approuver le mal fait, telle est la conduite de nos divers gouvernemens depuis 1814.

Des principes que nous avons établis tout à l'heure il découle des conséquences que nous réduisons en axiômes :

« Le pouvoir exécutif ne doit pas influencer les élections ni directement ni indirectement.

« Il doit rester impassible au milieu de la lutte des opinions contraires.

« Appelé à être jugé par les mandataires du pays, il n'a pas le droit de travailler à faire nommer des mandataires, c'est-à-dire des juges qui lui conviennent.

« Néanmoins il peut, il doit même, par ses journaux et ses écrits, chercher à repousser les attaques de ses ennemis.

« Tout gouvernement qui par les craintes, dons ou promesses répandus par ses agens, salariés ou non, cherche à intimider ou gagner un plus ou moins grand nombre d'électeurs, est un gouvernement prévaricateur. »

Enfin l'expérience prouve que plus un ministère a mal géré les affaires du pays, plus il s'efforce de vicier les élections, de sorte que le jour où les élections seront pures et dégagées de toute influence du pouvoir, on pourra en inférer que le pouvoir lui-même est honorable, puisqu'il aura su attendre avec dignité le jugement du pays.

Et qu'on ne dise pas que le gouvernement de Louis-Philippe est resté pur de toute influence blâmable sur les élections. Nous avons vu en 1831 les candidats portés par l'opposition patriote calomniés jusque dans les journaux du pouvoir, jusque dans les salons des préfectures; on a vu même traiter d'anarchistes les électeurs et les candidats les plus modérés et les plus amis du pays, par cette seule raison qu'ils luttaient contre les candidats du ministère; comme si un ministère devait avoir des candidats ! On a vu des agens obscurs de ces mêmes ministères attaquer jusqu'à la probité privée des candidats patriotes dont le mérite faisait ressortir avec plus d'éclat, si l'on peut parler ainsi, la honteuse nullité du servile candidat porté par le pouvoir. On a vu des fonctionnaires publics honorables destitués, parce qu'ils refusaient d'intriguer en faveur des hommes du 13 mars. On en a vu d'autres, complaisans proxénètes électoraux, recevoir le prix de leurs services, et passer rapidement de l'hôtel modeste de sous-préfet à l'hôtel somptueux d'une préfecture, ou du parquet obscur d'une petite ville, arriver de plein saut aux places les plus enviées de la magistrature.

Puissent ces méfaits administratifs ne se plus renouveler ! Puisse le pouvoir comprendre que sa plus grande force ne consiste pas dans les trésors dont il dispose, dans les baïonnettes qui l'entourent, mais dans la confiance et le respect des peuples !

Un des plus importans devoirs des électeurs est donc de se soustraire à l'influence des préfets, sous-préfets, procureurs du roi, receveurs généraux ou particuliers des finances; car ce qu'un électeur a de plus précieux après sa conscience,

c'est son indépendance. S'il est très pardonnable
à un électeur de se tromper, il n'est pas excusable
de se laisser subjuguer par les fonctionnaires publics qui abusent de leur position pour séduire ou
égarer leurs concitoyens, et les empêcher de remplir convenablement les devoirs imposés par la loi.

Un électeur doit toujours se souvenir qu'il est
juré, et que devant le bien public il ne peut écouter ni la voix de l'amitié qui le porterait à nommer
un député incapable, ni celle de la haine qui lui
ferait repousser un candidat probe, éclairé, indépendant (1). S'il a des préventions, il doit examiner jusqu'à quel point elles sont fondées; le souffle
odieux de la calomnie est-il venu jusqu'à lui, son
devoir est de le repousser, et de demander hau-
tement au calomniateur des explications claires et
précises. Si un électeur manque de lumières (et
nous en avons vu qui ne savaient ni lire ni écrire),
qu'il cherche parmi ses amis, ses parens, l'homme
de bien le plus éclairé, et qu'il prenne conseil de
lui; qu'alors il se laisse guider : il n'y a jamais de
honte à soumettre sa raison à celle d'un autre,
quand cet autre possède notre estime et l'emporte
sur nous par son mérite et la bonté de son jugement.

____

(1) Nous n'oublierons jamais l'impression agréable que nous éprouvâmes
lorsque, causant à......avec un électeur des opérations électorales qui
avaient lieu en ce moment-là, et l'engageant à nommer l'homme respec-
table que les patriotes désiraient voir réussir, cet électeur nous répondit :
« C'est un homme que je ne puis souffrir, mais je lui donnerai ma voix,
« car il est en tout digne de la députation. » *Sage* et véritable électeur,
recevez ici l'hommage de l'estime que vous nous avez inspirée !

Quant à l'électeur qui vend son vote pour une place, pour un avantage quelconque et personnel, nous n'avons rien à lui dire, il ne nous comprendrait pas ; c'est à sa conscience, s'il en a une, à lui apprendre ce qu'il vaut, et quels devoirs sacrés il n'a pas su remplir.

Nous avons vu dans les élections des luttes d'amour-propre et d'intérêt de corps ou de caste vraiment inexplicables à l'époque ou nous vivons. Dans un collége d'arrondissement dont nous tairons le nom, il se trouvait des nobles qui prétendaient à la députation, parce que, selon eux, ils étaient seuls en état, par leurs noms, titres et qualités, de représenter dignement la France ; quelquefois la bourgeoisie criait qu'il fallait écarter la noblesse, comme féodale, et nommer des *messieurs* du tiers état, comme étant les représcntans directs de la portion la plus éclairée du pays ; enfin les fermiers soutenaient que la culture devait être représentée à la chambre, et que, formant la plus nombreuse partie du collége, on devait choisir pour député un cultivateur.

Selon nous, devant l'urne du scrutin il n'y a ni nobles, ni bourgeois, ni cultivateurs ; il ne doit y avoir que des électeurs et des candidats. Des marquis, des comtes aspirant à la députation, sont-ils connus par leurs opinions légitimistes et rétrogrades, repoussez-les, électeurs, non comme porteurs de titres féodaux, fort insignifians aujourd'hui, mais comme partisans des systèmes vieillis sous lesquels nos pères ont gémi pendant tant de siècles ! Ces comtes, ces marquis professent-ils des principes de progrès et d'amélioration, veulent-ils marcher sur les traces des marquis de Lafayette et des baron de Rebecque (Benjamin Constant), électeurs, nommez ces hommes, ne repoussez pas des citoyens éclairés qui, eux aussi, font partie de la grande famille, et qui ont su mépriser les vains préjugés dont fut peut-être bercée leur enfance. Union à tous les bons citoyens, partage de l'estime et de l'honneur publics à tous les amis de la liberté ! Point de parias, pas plus chez les nobles que chez les prolétaires !

Nous connaissons des nobles, véritablement nobles par leurs sentimens, nobles de patriotisme, animés d'un sincère et pur amour de la liberté, et qui très certainement valent mieux que ces quelques *bourgeois gentilshommes* qui rêvent aristocratie, s'écrient que le peuple français doit être mené avec une verge de fer, et que c'est à la liberté de penser et d'écrire que nous devons tous nos maux.

Quant aux cultivateurs, à cette classe laborieuse, calme, sage dans ses mœurs, franche de caractère, amie de la liberté, nous lui dirons : Sans doute nous applaudissons à cette honorable émulation qui vous fait désirer les honneurs de la députation ; mais sans nous arrêter à cette opinion professée par vous, que la culture doit être représentée, puisque la culture est naturellement représentée et protégée par les propriétaires qui peuplent la chambre, nous vous ferons observer que si un cultivateur possède toutes les connaissances relatives à l'art, à la science qu'il exerce, en général il ignore ces autres sciences nécessaires au député chargé par ses mandataires de traiter à la tribune, ou dans les bureaux, les questions les plus compliquées de droit public, civil, d'administration, d'économie politique, etc., etc.

•Le cultivateur ignore presque toutes ces choses : il les aurait apprises, n'était le temps qui lui a manqué, et sa profession fournirait sans cela tout autant de bons députés que les autres classes de la société, si les cultivateurs avaient voulu s'éclairer davantage, et quand nous nous servons du mot *vouloir*, ce n'est pas sans motifs.

En effet, lorsque dans les familles adonnées à la culture se trouvent des enfans dont l'intelligence brille de bonne heure, les parens envoient ces enfans dans les grandes villes où ils deviennent négocians, avocats, notaires, banquiers ; puis ceux de leurs fils moins favorisés de la nature, sous le rapport des facultés intellectuelles, vont pendant une année ou deux à la ville voisine, où ils apprennent peu de chose en général, pour revenir aider leurs parens dans l'exploitation de la ferme. Par là se trouve *énervée*, sous le rapport des talens, la classe entière des cultivateurs. Or, nous en appelons au bon sens et à la loyauté de ces hommes honorables, le peu d'éducation qu'ils donnent à leurs enfans permet-il à ces derniers, d'aspirer à la députation, au conseil général du département et de rivaliser avec les hommes de mérite des autres classes de la société ?

Au surplus, et en résumé, un candidat peut être indistinctement choisi parmi les cultivateurs, les industriels, les nobles, les bourgeois, lorsqu'il réunit, indépendamment des idées politiques de la majorité du collége électoral, la *capacité*, la *probité* et l'*indépendance de caractère* sans lesquels, ainsi que nous l'avons dit, nul homme n'est digne d'être appelé à représenter son pays.

Depuis 1814 nous avons vu bien des élections, et nous avons vu aussi les électeurs apprendre peu à peu à remplir leurs fonctions, car cela s'apprend comme autre chose. Malheureusement l'éducation représentative de nos privilégiés ne nous semble pas encore assez avancée : nous ne saurions trop le répéter, beaucoup d'électeurs ne comprennent pas l'importance de leur droit, ou l'exercent avec timidité, peur ou obséquiosité vis-à-vis du pouvoir ; d'autres ne se présentent pas au collége, ou se découragent trop promptement, lorsque le candidat de leur choix est repoussé ; d'autres, crainte de *perdre leur voix*, selon leur expression, la donnent à celui qui ne leur en semble pas digne, comme s'il pouvait y avoir une manière plus absurde d'employer sa voix, et comme s'il ne valait pas beaucoup mieux protester par un vote isolé en faveur de celui que l'on croit plus patriote et plus honorable, contre le choix de la majorité.

A cette occasion citons ces paroles si sages de notre Benjamin Constant : « Une minorité énergi-« que, dit-il, qui rend hommage au citoyen qu'elle « estime, fait le bien, même en ne réussissant

« pas. Elle avertit l'opinion attentive, mais flot-
« tante, qu'il y a une conscience publique. Elle
« avertit les hommes honnêtes, mais dispersés, in-
« connus l'un à l'autre, qu'il y a un centre autour
« duquel ils peuvent se rallier. »

Rendons toutefois justice à notre pays ; les élections s'y font en général avec calme et décence;
le caractère français s'y montre sous le jour le
plus honorable, et les discussions qui s'élèvent
quelquefois dans le sein des colléges, ou dans les
réunions préparatoires, sont presque toujours
calmes et modérées. Conservons avec soin ces
mœurs douces et polies, elles sont les seules qui
conviennent aux peuples libres et surtout au peuple français : admirables et heureux effets de la
liberté qui améliore tout chez les hommes, les
sentimens, les mœurs, les manières mêmes !

Aussi n'est-ce pas sans dégoût et sans peine que
l'on a vu aux dernières élections pour les conseil-
lers généraux et dans quelques rares localités heureusement, des querelles dégénérer en violentes
disputes, et d'odieuses injures échangées entre
les électeurs.

Signalons ici un autre scandale :

On a vu des candidats, indignes du mandat
qu'ils sollicitaient, se faire des majorités en appelant à des banquets qui dégénéraient en orgies,
avant, pendant et après leur élection, les électeurs
dont ils mendiaient les suffrages; flétrissons ces
goinfreries, car il faut bien employer un mot ignoble pour une chose ignoble; flétrissons-les comme

elles méritent de l'être, et disons que ceux-là doivent avoir bien peu le sentiment de leur propre mérite, qui ont eu recours pour réussir à de semblables moyens, et que les électeurs qui nommaient les candidats dont ils avaient accepté les invitations se montraient bien peu dignes des fonctions que la loi leur confère et étaient plus coupables encore que les élus eux-mêmes.

Il faut laisser ces mœurs à l'Angleterre qui, rendons-lui cette justice, commence à les abandonner, à mieux comprendre les honorables devoirs de l'électeur, et la dignité de rapports qui doit régner entre celui qui aspire à la députation et ceux qui la confèrent.

Quelques électeurs, dont nous avons déjà suffisamment qualifié l'insouciance, croient excuser leur coupable incurié en répondant à ceux qui la leur reprochent, qu'une voix de moins dans un scrutin n'influera en rien sur les destinées de la France. D'abord il est évident que si chaque électeur pensait ainsi, il n'y aurait ni élections, ni représentation nationale ; ensuite l'histoire de nos quarante dernières années est là pour attester que souvent une voix de moins, dans un collège, a fait manquer la nomination d'un bon député, et qu'à la chambre, les lois les plus désastreuses au pays ont presque toujours passé à une majorité très exigüe, ce qui n'aurait pas eu lieu si, dès l'origine, tous les électeurs eussent exactement rempli leur devoir.

Tout électeur qui ne se rend pas à son poste

mérite le blâme de ses concitoyens et devrait payer l'amende à laquelle est condamné le juré qui refuse de rendre la justice.

Quelquefois des candidats de même opinion, et luttant contre un adversaire ministériel, ne savent ou ne veulent pas s'entendre, et préfèrent assurer le succès à leur rival, plutôt que de céder de bonne grace les voix dont ils disposent mutuellement en faveur de celui qui réunit le plus de chances.

Ces luttes, où le bien public succombe devant les prétentions de la vanité et de l'ambition, doivent être soigneusement évitées, et elles font presque autant de tort aux condidats qu'à la cause qu'ils représentent.

En temps d'élection, tout homme qui ne sait pas faire à propos abnégation de ses intérêts propres est indigne de l'estime de ses concitoyens.

Parlerons-nous de cette autre faiblesse de certains électeurs, qui consiste à ne pas vouloir choisir hors de l'arrondissement un député capable, et leur fait préférer une nullité de *leur endroit*, par cette raison, que le député choisi hors de la localité n'en connaîtrait ni les besoins ni les intérêts : comme si, dans ce cas, le premier devoir du nouvel élu n'était pas de s'enquérir avec soin de ces besoins, de ces intérêts; comme si, après tout, un député n'était pas plus encore le représentant de la France entière que celui de tel ou tel arrondissement !

Selon quelques électeurs, tel candidat qui ne

leur convient pas, et dont ils ne pourront ou n'ose-
ront attaquer les principes et le caractère, sera
trop vieux, ou trop jeune, ou pas assez riche, ou
trop riche, sa santé sera mauvaise ou ses affaires
trop nombreuses. C'est au bon sens de la masse
électorale à faire justice de ces insinuations : et
d'ailleurs il n'y a âge ni fortune qui tiennent,
lorsqu'un candidat convient aux électeurs, qui très
certainement n'iront jamais choisir un homme
dont les facultés plient sous le poids des ans, ou
dont la jeunesse impétueuse ne connaisse ni frein
ni réserve ; et d'ailleurs Pitt était premier ministre
d'Angleterre à l'âge de 21 ans, et de notre temps
les Labbay de Pompières, les Henrion de Pansey,
les Lafayette, ont suffisamment prouvé, comme
Sophocle et Voltaire, qu'on pouvait dans un âge
très avancé conserver ces brillantes facultés intellectuelles qui leur ont valu l'estime et l'admiration
de leur siècle.

Enfin, rappelons aux électeurs qu'ils ne peuvent
considérer leur député comme un agent d'affaire
chargé de procurer aux uns des places et des faveurs, aux autres ou à leurs parens des débits de
poudre et de tabac; à ceux-ci des recommanda-
tions près de leurs juges, à ceux-là des promesses
d'avancement. Le député est le représentant du
peuple, chargé de défendre les grands intérêts du
pays, et non tenu de dégrader son caractère et son
mandat, en jouant le rôle ignoble de coureur de
bureaux pour le compte des électeurs qui l'ont en-
voyé à Paris.

Comment, en effet, veut-on que le député ait le temps de remplir ses devoirs législatifs, si les électeurs l'occupent de leurs affaires personnelles; et comment peut-il conserver son indépendance vis-à-vis des ministres qu'il obsède et dont il devient l'obligé par les faveurs qu'il en obtient ?

Il est bien entendu que tout citoyen opprimé a droit d'exiger du député de son arrondissement qu'il prenne sa défense près de l'autorité, pour obtenir justice et réparation des torts dont il se plaint. C'est alors que les rapports du mandant à son mandataire sont honorables et que ce dernier remplit, en accueillant les plaintes d'un opprimé, une des plus honorables conditions du mandat qu'il tient de la confiance publique.

Nos mœurs représentatives ont fait un progrès marqué depuis quelques années : ce progrès consiste dans l'habitude contractée d'exiger des candidats une profession de foi politique, publiée soit dans les journaux, soit devant les électeurs, au sein des réunions préparatoires qui doivent toujours précéder une élection.

La nécessité de ces professions de foi est tellement reconnue aujourd'hui, que nous croyons inutile de la faire ici ressortir ; et une remarque a été généralement faite, depuis trois ans surtout, c'est que tous les députés, ou presque tous ceux qui avaient négligé ou refusé de faire des professions de foi politique, ont déserté le parti national, qu'ils semblaient d'abord avoir adopté, pour se jeter dans le camp ministériel où les appelait la curée ordinaire des places du gouvernement et des faveurs de la cour. Nous pouvons donc affirmer hardiment que tout candidat qui refuse de dire aux électeurs ce qu'il est en politique, ce qu'il pense, ce qu'il veut, comme il convient à un homme loyal, est un candidat vendu ou à vendre. Certes il est des hommes, tels que les Manuel, les Foi, les Benjamin Constant, auxquels on n'aurait pu demander, sans leur faire injure, une profession de foi, eux dont la conduite antérieure à la tribune fut si pure et si honorable; mais l'homme seul qui leur ressemble a droit de dire aux élections assemblées :

Examinez ma vie, et jugez qui je suis.

Tout candidat qui, sans antécédens politiques bien connus et bien honorables, refuserait de faire une profession de foi explicite, serait à coup sûr un fat ou un fourbe; et quel est l'homme d'honneur qui, en pareil cas, ne comprendrait pas qu'il est bien et de bonne grace de dire aux électeurs :

« J'ambitionne vos suffrages, parce que je crois
« les mériter : je vous offre pour garans de ma
« fidélité à remplir le mandat que vous me con-
« fieriez une vie privée honorable et des principes
« politiques en harmonie avec ceux que la plupart
« d'entre vous professent. Ces principes, je vais
« les exposer de nouveau; je mettrai ma gloire à
« les défendre, et à me montrer par là digne de
« votre confiance. »

Nous pensons qu'en aucun cas le député nou-

vellement élu ne peut recevoir de mandat impé-
ratif autre que celui de représenter les opinions de
ceux qui l'ont nommé, et de faire, selon les in-
spirations de sa conscience, tout ce qui peut con-
tribuer au bien et à la gloire du pays. Cependant
il faut excepter de cette exclusion générale les
questions appelées constitutives, c'est-à-dire celles
qui se rattachent à l'esprit ou au texte de la constitution. C'est ainsi qu'en 1831 les électeurs,
dans nombre de colléges, enjoignirent aux élus
de voter contre l'hérédité de la pairie ; c'est ainsi
qu'aux prochaines élections la réforme du système
électoral qui nous régit pourra être recommandée
aux nouveaux députés; car la question d'un bon
système électoral est, de toutes les questions constitutives, la plus importante, puisque, sans bonne
loi électorale, la meilleure charte ne serait qu'un
chiffon de papier.

Voici la différence la plus marquée des deux
assertions que nous venons d'émettre et qui depuis long-temps sont admises par les bons esprits :
c'est que, dans les questions secondaires, la masse
électorale n'est pas suffisamment éclairée pour
avoir une volonté, que les discussions de la tribune et de la presse pourraient d'ailleurs modifier
plus tard, tandis que, pour tout ce qui touche à
la constitution même, les électeurs, c'est-à-dire
le pays, dont ils sont censés les organes, savent ce
qu'ils veulent, comprennent ce qui leur convient
et peuvent ainsi autoriser leurs mandataires à faire
au pacte social les modifications jugées utiles et

nécessaires. Ainsi les électeurs doivent exiger des candidats une profession de foi publique.

Ainsi ils ne peuvent imposer à leurs mandataires de mandats impératifs que sur les questions constitutives.

Examinons maintenant si un député peut être à la fois représentant et fonctionnaire.

Les avis sont partagés à ce sujet.

Les uns prétendent qu'un député nommé pour surveiller la conduite des ministres ne peut recevoir d'eux une place quelconque, et s'exposer par là à perdre son indépendance et à devenir l'obligé, le subordonné de ceux dont il était d'abord, comme nous venons de le dire, le surveillant naturel. Les autres soutiennent qu'un député choisi parmi les hommes les plus capables d'un département est par là même signalé à la confiance du gouvernement, qui ne doit pas se priver des talens de ce mandataire du peuple, lorsque ces talens peuvent être utiles à la prospérité de la chose publique.

On voit par le simple énoncé de ces deux thèses opposées qu'elles sont également soutenables; mais bien des gens pensent avec nous :

Qu'un député ne peut être à la fois mandataire du pays et ambassadeur ou procureur général; car, pendant six mois que dure ordinairement une session, comment ce député fonctionnaire peut-il s'acquitter des devoirs que sa place lui impose? Il ne représente pas son gouvernement près de la cour où il a été nommé; il ne fait pas de réquisitoires, et cependant il touche les émolumens de fonctions qu'il ne remplit qu'à moitié (1).

Bien plus, ce député s'attache aux avantages lucratifs de la diplomatie ou du parquet; il apprend à moins estimer la haute mission qu'il a reçue : obligé de ménager les ministres, auxquels il doit d'abord de la reconnaissance, et qui ensuite peuvent lui retirer et les places qu'ils ont données et les faveurs de cour dont ils disposent, l'homme des électeurs a perdu son indépendance ; c'est un mandataire infidèle, c'est un ange déchu qui marchait *dans sa force et sa liberté*, et qui maintenant n'est plus qu'une créature obéissante d'un ministère trop souvent privé de l'estime publique.

Quant aux personnes dont l'opinion est qu'on peut être à la fois député et fonctionnaire, nous leur dirons : Sans doute il est loisible au gouvernement de donner sa confiance et les places à ceux d'entre les élus du pays qu'il croit devoir employer et qui consentent à le servir ; mais il y a un moyen très simple de s'entendre, c'est d'abord de reconnaître en principe que nul ne peut cumuler les honneurs de la députation avec les profits du ministérialisme, et que les députés promus à des fonctions publiques, amovibles (2) surtout, per-

---

(1) Les fonctionnaires sont bien à leurs postes, et pour eux et pour nous ; pourquoi ne s'y tiendraient-ils pas ? Ils entrent déjà en partage d'une partie des honneurs et des avantages dont la société dispose : Pourquoi ne pas laisser le reste à leurs concitoyens ?

M. de Pradt.

(2) Reste encore l'inconvénient, dans le cas où le député accepte une

dront à l'instant même leur qualité de députés, et seront remplacés par d'autres citoyens indépendans du pouvoir.

Par là le pays sera sûr d'être toujours représenté par des citoyens indépendans, et le gouvernement ne se plaindra pas qu'on veut l'empêcher d'utiliser les talens des hommes mêmes que la confiance des électeurs a signalés à sa confiance.

Comme il n'y a pas en France d'hommes qui ne puissent être remplacés; que nos quatre cent cinquante-neuf députés ne sont pas les seuls capables et éclairés du pays, le pays sera toujours facilement en mesure d'envoyer un nouveau mandataire à la place de celui qui aura cru devoir, à tort ou à raison, préférer une ambassade, une charge de conseiller d'état, au titre de député de la France.

Si donc les électeurs veulent nous en croire, ils commenceront par exiger des candidats à la députation la promesse formelle qu'ils n'accepteront aucune place du pouvoir, les prévenant que, dans le cas contraire, ils seront irrévocablement remplacés (1).

---

place inamovible, du non accomplissement des devoirs imposés par cette place. Supposons un député nommé premier président de la cour royale de Pau : a-t-il le privilège de faire deux choses à la fois, et d'être en même temps dans deux endroits différents?

(1) Il y a bien une disposition législative qui veut que le député promu à des fonctions salariées soit réputé démissionnaire et se présente de nouveau devant les électeurs, mais l'expérience a prouvé l'inutilité de cette mesure : car les amis seuls du député fonctionnaire se rendent au collége, et, en l'absence de leurs co-électeurs, retenus chez eux par insouciance ou dégoût, ou par cette fausse idée qu'une réélection est sans importance, renvoient de nouveau à la chambre le mandataire qui n'est véritablement

Nous avons examiné les principaux devoirs des électeurs ; nous avons fait ressortir l'importance du droit que la loi leur confère, la prudente sagacité qu'ils doivent apporter dans le choix des députés ;

Nous avons indiqué les qualités qu'il est désirable de trouver chez les candidats à la représentation nationale ; la manière dont les mandans sont tenus, dans l'intérêt du pays, de procéder au choix des mandataires ; les exemples à suivre et les erreurs à éviter ; enfin la nature des engagemens que les électeurs peuvent, en certains cas, faire contracter aux citoyens qu'ils honorent de leurs suffrages.

Nous n'avons point épuisé le sujet important qui nous occupe, parce que nous nous sommes prescrit des bornes dont nous ne devons par sortir, et surtout parce que la France, avec sa population éclairée et spirituelle, est le pays où il faut le plus se garder de tout dire ; il suffit d'appeler l'attention sur certaines questions, pour que ces questions soient rapidement approfondies et comprises.

Aussi sommes-nous persuadés que tout électeur consciencieux qui aura lu cette première lettre partagera notre manière de voir, et sera disposé, en procédant à l'élection d'un député, à résumer ce que nous avons dit en cette déclaration et que nous voudrions voir adopter dans tous les colléges.

---

plus en état de bien remplir son mandat et qui n'en devrait plus faire partie.

En mon ame et conscience, devant Dieu et devant les hommes, sans prendre conseil ni de mes
préventions ni de mes intérêts particuliers, je
vote pour le citoyen le plus digne selon moi de
faire partie de la représentation nationale et d'opé-
rer le bien de mon pays.

Un dernier mot :

Electeurs, vous allez exercer un droit auquel
est attaché le sort de la France : souvenez-vous que
si la France n'a pas succombé depuis quatre ans
sous les coups des partis ou d'un pouvoir impru-
dent, c'est que la France est de complexion vi-
goureuse ; que si elle est encore grande et riche
ce n'est pas par le ministère actuel, mais malgré le
ministère : l'histoire de ces quatre dernières années est sous vos yeux, lisez-là ; mais comme tout
ou presque tout se résume aujourd'hui dans les
questions d'impôt, lisez aussi, relisez les quelques
lignes suivantes que nous empruntons à une feuille
de l'opposition modérée et dicidez si vous devez
envoyer à la chambre des députés disposés à protéger et défendre la fortune publique ; selon nous
il est temps de le faire.

Bilan financier de la majorité qui va comparaître devant les
colléges électoraux.

« Nous mettons en regard les budgets votés par
« les chambres avec les dépenses réelles pour que
« l'on voie à quel point on sait aujourd'hui faire

« mentir les chiffres : nous opposons les dépenses
« aux revenus, pour que l'on sache dans quelles
« voies nous marchons, et où la même majorité
« conduirait nos finances, si les électeurs étaient
« assez aveugles pour lui donner encore cinq bud-
« gets pareils à voter.

Années.	Budgets votés.	Dépenses réelles.	Revenus publics.	Déficit.
1831	1,172,000,000	1,219,310,975	1,005,936,204	213,374,771
1832	1,106,000,000	1,174,620,757	979,144,256	195,476,501
1833	1,120,000,000	1,172,000,000	990,000,000	182,000,000
1834	981,000,000	1,071,186,252	983,669,307	87,516,945
1835	1,009,000,000	1,055,788,815	995,792,422	61,996,393
	5,388,000,000	5,692,906,799	4,952,542,189	740,364,610

10 juin 1834.

FIN DE LA PREMIÈRE LETTRE.

SOMMAIRE DE LA DEUXIÈME LETTRE QUI PARAITRA AVANT LA
RÉUNION DES CHAMBRES

De l'âge des électeurs et des éligibles. — Du cens pour l'électorat et l'éli-
gibilité. — Tiers de l'impôt compté au fermier, refusé au locataire d'u-
sines. — Les divers gouvernemens qui se sont succédé ont contribué à
l'illibéralisme de la loi. — Aptitude : paroles de M. Odilon Barrot. —
Exclusions des capacités : opinion de M. Béranger. — Indépendance. —
Attachement à l'ordre : opinion de J.-B. Say. Conclusion de la discussion sur le cens. — Article 64 de la loi : Fonctionnaires publics ne peuvent être députés. — Proposition de M. Mosbourg. — Une indemnité doit
être allouée au mandataire des électeurs. — Du serment. — Vicieuses
circonscriptions électorales. — Réfutation du rapport de M. Amilhau.
— Conclusion.